AF370274

GÉRARD DE NEVERS

ET

LA BELLE EURIANT,

SCÈNES

Pantomimes Équestres et Chevaleresques;

en trois parties;

Par MM. CUVELIER et FRANCONY CADET;

Musique arrangée par M. D'HAUSSY;

Représentées, pour la première fois, au Cirque Olympique, le 11 Février 1810.

A PARIS,

Chez BARBA, Libraire, Palais-Royal, derrière le Théâtre Français, N°. 51.

Imprimerie de DELAGUETTE, rue Saint-Merry, N°. 22.

Mars 1814.

<table>
<tr><td>PERSONNAGES.</td><td>ACTEURS.</td></tr>
</table>

PERSONNAGES.	ACTEURS.
LOUIS-LE-GROS, Roi de France,	M. BUNEL.
Le Duc DE METZ, Prince souverain,	M. BASSIN.
GÉRARD, Comte de Nevers, . . .	M. FRANCONI aîné.
LISIARD, Comte de Forêts, . . .	M. FRANCONI cadet.
MONTJOIE, Ecuyer de Gérard, .	M. PAUL.
FÉLONOIS, Ecuyer de Lisiard, .	M. FÉRIN.
Le Comte DE BAR, doyen des Chevaliers, ...	M. LA HAYE.
Les Seigneurs { DE LA BOVE, . .	M. LÉGER aîné.
DE GRANDPRÉ,	M. GOMBEY.
DE NESLES, . .	M. DUMOUCHEL.
ADÉLAIDE DE SAVOIE, Reine de France.	Mᵐᵉ. LE TELLIER.
ALFRÈDE, Sœur du Duc de Metz,	Mᵐᵉ. BELLEMENT.
La Belle EURIANT, orpheline, . .	Mᵐᵉ. FRANCONI jᵉ.
GONDRÉE, sa Suivante, ...	Mˡˡᵉ. ADÈLE.
Le Commandant des Gardes, . . .	M. HACHE père.
Un Geolier, ...	M. BAUDOT.

Hérauts d'Armes, Juges du Camp, Chevaliers, Pages, Ecuyers, Dames de la Cour, Dames de la suite d'Alfred, Paysannes, Bucherons, deux Porte-Clefs.

La scène se passe au Pont-de-l'Arche et dans les environs, l'an 1116.

GÉRARD DE NEVERS

ET

LA BELLE EURIANT,

Scènes Pantomimes Equestres.

PREMIÈRE PARTIE.

Le Théâtre représente un parc disposé pour donner un carrouzel. Dans le fond, les terrasses et une partie du château. A droite et à gauche, plusieurs tentes élégantes. En avant, à droite (de l'acteur), un banc de gazon sous un bosquet. En face, à gauche, un pavillon d'architecture gothique, avec une porte et une fenêtre au-dessus.

Il est à peine jour; déjà Gérard impatient de goûter le bonheur que cette belle journée va lui offrir, s'avance doucement auprès du pavillon qui est occupée par sa mie. Elle repose encore.

Il appelle les jardiniers et les demoiselles du château, elles apportent des guirlandes que les jardiniers attachent sur la porte du pavillon; ces guirlandes soutiennent les deux noms de Gérard et d'Euriant, groupés avec grace, avec divers emblêmes d'amour et de servage.

Euriant va paraître, tous se cachent. Elle s'avance, étonnée de ne pas voir son amant, elle l'est bien davantage encore en appercevant les trophées d'amour et en se voyant environnée par plusieurs groupes de demoiselles qui lui présentent de riches cadeaux.

Gérard est à ses pieds.

Elle le relève ; le chevalier lui exprime son amour ; la belle croit pouvoir lui répondre qu'elle le partage.

L'oriflamme flottant sur une des tourelles du château annonce le lever du roi. Gérard prend congé d'Euriant pour se rendre où son devoir l'appelle. Tous se dispersent.

Euriant va rentrer dans son pavillon, elle en est empêchée par le méchant Lisiard qui lui barre le chemin ; il lui fait part de son odieux amour ; elle l'écoute avec mépris et indignation. Elle le laisse seul confus.

Dès ce moment, Lisiard, jaloux et furieux, jure sa perte.

On entend une marche triomphale.

Le roi et la reine paraissent avec toute leur suite et les chevaliers.

Le roi et la reine se placent sur un trône.

Les hérauts-d'armes amènent Gérard qui prête foi et hommage entre les mains du roi.

Les dames vont ensuite chercher Euriant richement vêtue. Gérard déclare qu'il la prend pour sa fiancée. La reine baise Euriant sur le front, et lui fait donner par ses dames d'honneur, la toque et le manteau de comtesse ; elle est placée auprès et un peu plus bas que la reine.

Carrouzel, jeu de bague, courses de tête et quadrille à cheval.

Dans le dernier assaut, Lisiard, quoiqu'ancien chevalier, et ne devant pas combattre suivant les lois du tournois, a traîtreusement défié Gérard resté vainqueur dans tous les jeux.

Le comte de Foretz est terrassé par le vaillant

comte de Nevers. Le casque du vaincu tombe, ou reconnaît Lisiard.

Les dames et chevaliers se moquent de sa déconfiture ; celui-ci se relève furieux, et plus âpre encore à la vengeance d'après ce nouvel affront.

La nuit vient ; le roi rentre au château avec toute sa suite. Lisiard reste seul en scène avec son écuyer.

Le château s'illumine ; on entend le bruit des danses. Lisiard cherche à exécuter le plan qu'il a formé.

Il apperçoit Gondrée, l'aborde et la séduit à force d'or ; elle consent à le servir. En conséquence, l'écuyer Félonnois lui donne un habit d'homme dont elle doit se revêtir sur-le-champ, pour saisir l'instant où, suivant son usage, sa maîtresse viendra seule dans les jardins. Lisiard et Félonois se chargent du reste.

Gondrée obéit et rentre dans le pavillon pour se déguiser.

Les danses continuent sur la terrasse et dans les bosquets fleuris.

Euriant ne tarde pas à venir, pour échapper au tumulte de la fête et se livrer à ses doux pensers ; elle reste seule sous le bosquet de l'avant-scène.

Gondrée paraît déguisée en homme. Etonnement de sa maîtresse en la reconnaissant ; Gondrée dit qu'elle a pris cet habillement pour mieux voir la fête.

Euriant la trouve charmante sous cet habit, il s'établit entre elles une conversation et un échange de plaisanteries qu'Euriant croit fort innocentes.

Gondrée joue le rôle d'amant ; pendant ce temps, le perfide Félonois a amené Gérard, et le rend témoin de cette prétendue perfidie.

Au moment où la suivante est aux pieds de sa maîtresse, Gérard, furieux, s'avance l'épée haute ;

Euriant en appercevant son fiancé, jette un cri et tombe évanouie sur le banc de gazon. Le faux rival s'enfuit dans le pavillon.

Gérard veut le poursuivre, le Félonois l'arrête, ferme le pavillon, remet la clef à Gérard, et lui dit que son rival ne peut lui échapper ; qu'en appelant toute la Cour, il la rendra témoin de la honte de son indigne maîtresse.

Gérard, aveuglé par la jalousie, reçoit ce perfide conseil, et sort en menaçant.

Euriant est toujours évanouie.

Lisiard paraît pour achever de mettre à exécution son horrible dessein. A l'aide de son écuyer, il fait sortir Gondrée par la fenêtre du pavillon, y grimpe lui-même et s'y enferme.

Euriant, seule, revient à elle ; elle ne sait si elle a rêvé.

Bientôt elle apperçoit son amant, le roi, la reine et toute la cour.

« Voilà la perfide, dit Gérard, et mon rival » dans ce pavillon ». Il donne la clef au roi ; Euriant veut se défendre, il la repousse ; il déclare au roi qu'il ne saurait se contenir dans les bornes du respect, et demande la permission de se retirer. Il sort furieux sans rien écouter.

Le roi fait ouvrir le pavillon, Lisiard en sort d'un air confus.

Etonnement profond d'Euriant.

Lisiard, habile à dissimuler, déclare au roi qu'il est coupable ; mais qu'il est prêt à réparer sa faute en épousant Euriant. Celle-ci tombe aux pieds du roi, et persiste à déclarer qu'elle est innocente. Le roi lui ordonne d'obéir et d'épouser son prétendu séducteur ; elle rejette cet ordre avec énergie et indignation.

Le roi prenant sa noble fermeté pour de l'effronterie, la chasse de la cour, en lui faisant remettre les simples vêtemens qu'elle avait en y arrivant.

Groupe général.

FIN DE LA PREMIÈRE PARTIE.

DEUXIÈME PARTIE.

Le Théâtre représente une forêt. Dans le fond, une colline à plusieurs plans. Sur le sommet, un déchirement qui forme un précipice. En avant, à gauche, une fontaine ; à droite une grotte.

Les bûcherons sont occupés de leurs travaux.
Les femmes leur apportent leur déjeûner.
Scène comique entr'eux, et divertissement.
Un bruit de chasse se fait entendre ; tous se lèvent.
Un cerf s'élance sur la colline ; il est suivi par des chiens, ensuite par le duc de Metz et toute sa famille à cheval. Les bûcherons sortent pour jouir du spectacle que la chasse va leur offrir.

Gérard arrive ; son cheval le conduit au hasard ; le chevalier est enseveli dans ses réflexions. Le palefroi appercevant la fontaine, s'avance pour y boire. Ce mouvement rappelle Gérard à lui-même ; il met pied à terre.

Se croyant certain de l'infidélité de sa mie, l'existence lui devient à charge ; il prend la résolution de s'en débarrasser. Il tire son épée et va s'en frapper ; il est arrêté par deux jeunes bûcherons. A leur vue, il se calme, donne une chaîne d'or à la jeune fille, et les congédie.

Gérard, resté seul, va s'asseoir dans la grotte ; il prend à son cou le portrait de sa maîtresse, qu'il a encore du plaisir à considérer, quoiqu'il soit convaincu de son infidélité.

Euriant paraît avec ses simples vêtemens d'orpheline ; elle reconnaît le cheval de Gérard, cherche son maître, s'approche de la grotte et l'appercoit. Le comte de Nevers, à sa vue, sent renaître toute son ire : en vain elle veut se justifier, son chevalier furieux la repousse, monte sur son cheval et part au galop.

Euriant, seule, reste accablée par ce dernier coup.

Dans ce moment, Lisiard qui est à la poursuite de la belle avec son écuyer, a paru sur la colline dans le fond de la scène. Il témoigne sa joie de retrouver sa victime ; il descend la colline, dans l'intention de l'enlever. Il en est empêché par le son des cors qui semble se rapprocher.

Lisiard se cache, et Euriant s'enfonce dans la grotte.

Un bûcheron paraît, poursuivi par le cerf, il échappe en se cachant.

Le cerf, suivi de près par toute la chasse, grimpe sur la colline et franchit le précipice ; les chiens et les chevaux s'arrêtent, ne pouvant le suivre.

Un ours, débusqué par la voix des chiens, poursuit un paysan ; celui-ci se cache dans la grotte, l'ours y pénètre avec lui. Euriant en sort ; l'animal furieux s'attache à sa poursuite ; elle va périr ; le duc de Metz la délivre, et la reconnaissant, l'invite à venir dans son château, situé dans la forêt du Pont-de-l'Arche, où elle trouvera un abri auprès d'Alfrède sa sœur.

La pauvre orpheline accepte cette offre avec reconnaissance.

A peine est-elle partie, que Lisiard, témoin de cette scène, et ne voulant pas perdre de vue sa victime, aborde le duc, lui dit qu'il s'est égaré dans la forêt, et lui demande un asyle dans son château. Sa demande est octroyée. Tous sortent.

Le Théâtre change, et représente l'appartement de la duchesse de Metz. A droite la porte qui conduit à sa chambre; à gauche, une autre porte de sortie. Dans le fond, une petite fenêtre élevée qui donne sur la campagne. Plus en avant, les armes d'un chevalier, arrangées en trophées, avec cette inscription au bas:

A la mémoire de mon époux.

Alfrède, en grand deuil, est inconsolable de la mort de son époux: c'est en vain que ses femmes cherchent à adoucir ses chagrins; l'amitié ne peut plus rien sur son cœur brisé par l'amour.

Un bruit de chasse annonce le retour du duc son frère; il entre avec Lisiard; il raconte à sa sœur qu'il a sauvé la vie à la belle Euriant, et que, touché de ses malheurs, ne la croyant pas aussi coupable que la renommée le publie, il a cru pouvoir lui proposer un asyle auprès d'elle.

Alfrède promet à son frère d'avoir pour cette jeune personne les égards que son malheur exige. Elle ordonne à ses femmes d'aller la recevoir, et de lui donner tout ce dont elle pourrait avoir besoin.

Cependant Lisiard exprime son embarras, il voudrait n'être pas vu d'Euriant, en présence du duc et de sa sœur: mais quelle est sa joie, lorsque le duc lui offre de passer avec lui dans son appartement pour y prendre du repos et des rafraîchissemens. Il accepte avec empressement, et sort avec le duc.

Gérard de Nevers. 2

L'orpheline paraît, vêtue élégamment ; elle veut se jeter aux pieds de dame Alfrède qui l'arrête, la relève, l'embrasse sur le front et se retire dans son appartement.

Euriant, seule, verse des larmes en songeant à ses malheurs.

Lisiard s'avance avec mystère auprès de l'orpheline.

Maintenant qu'elle est déshonorée, abandonnée, il croit pouvoir plus aisément la séduire par l'offre de sa main ; elle la refuse avec indignation. Il veut lui faire violence ; elle court à la porte de l'appartement d'Alfrède, et frappe avec force.

La princesse paraît. Lisiard reste confondu. Alfrède, indignée de son audace, lui ordonne de sortir de son appartement : le traître sort en menaçant.

(*La nuit commence à venir.*)

Alfrède rassure Euriant, qui lui demande pardon de l'avoir troublée.

La princesse rentre chez elle : ses femmes, après avoir soigneusement fermé toutes les portes, veulent emmener Euriant ; elle leur demande la permission de rester encore seule un moment, pour se livrer à sa douleur : les femmes sortent.

Euriant se plonge de nouveau dans ses profondes rêveries.

Lisiard, avec son écuyer, paraît à la petite fenêtre dans le fond ; il descend en scène s'avance près d'elle et tire son poignard pour la frapper. L'amour arrête son bras. En lui donnant la mort, n'est-ce pas se la donner à lui-même ? Il apperçoit de la lumière dans l'appartement de la princesse il conçoit le projet d'assassiner Alfrede : c'est le moyen de se venger de l'insulte qu'il vient de recevoir de la sœur du duc. Euriant seule sera accusée de cet assassinat ; par son crédit il saura la sauver, et la reconnaissance la jetera dans ses bras.

Ce projet une fois conçu, il entre dans l'appartement sans faire de bruit ; bientôt il en sort égaré et se sauve.

La duchesse, frappée du poignard, a jeté un cri affreux ; elle se traîne hors de son appartement. Le fer est resté dans son sein ; elle tombe aux pieds d'Euriant.

A ce bruit, Euriant, assoupie, revient à elle, voit sa bienfaitrice mourante, et arrache le fer meurtrier de sa blessure, croyant soulager ses douleurs.

Sur ces entrefaites, l'alerte a été donné au château : le perfide Lisiard lui-même a l'imprudence de se présenter avec le duc. Ils aperçoivent Alfrede assassinée, et près d'elle Euriant tenant en ses mains le poignard sanglant.

Plus de doute ; c'est Euriant qui a commis le crime. Le duc veut la frapper de son épée ; Lisiard l'arrête.

Euriant est chargée de chaînes, accablée sous le poids de la malédiction générale ; elle est entraînée avec violence.

FIN DE LA SECONDE PARTIE.

TROISIÈME PARTIE.

Le Théâtre représente une prison ; à gauche, un banc de pierre.

Euriant a été portée évanouie dans la prison, le geolier et ses porte-clefs sont groupés auprès d'elle, et malgré la dureté que leur donne l'habitude de voir souffrir, ils ne peuvent s'empêcher de témoigner leur compassion sur le sort d'une aussi belle personne.

Appelés à l'extérieur par le tintement d'une cloche, ils sortent.

Le son de la cloche a rappelé l'infortunée Euriant au sentiment de l'existence, elle semble se réveiller après un songe pénible ; elle s'apperçoit qu'elle est chargée de chaînes, elle se lève, reconnaît l'horrible endroit dans lequel on l'a transportée, et retombe sur le banc, accablée de honte et d'effroi.

Gérard paraît dans le fond avec le geolier. Il a appris le crime affreux dont on accuse Euriant, et malgré son infidélité, il ne peut la croire coupable d'un forfait aussi exécrable ; il la regarde avec pitié, donne une bourse au geolier pour le mettre dans ses intérêts, et entendant du bruit, il baisse la visière de son casque.

Les gardes viennent chercher Euriant pour la conduire dans un cachot, attendu qu'ils ont reçu l'ordre de préparer le tribunal dans la vaste salle qui lui sert de prison.

Elle sort en levant les yeux au ciel avec une expression si touchante, que Gérard en est ému. Dès que ce chevalier se voit seul avec le gardien de la prison, il lui déclare qu'il a un grand intérêt à être témoin du jugement qui va se rendre ; mais qu'il desire rester caché à tous les yeux ; il gagne le geolier par une nouvelle libéralité, et obtient de lui une toque et une tunique qui le déguisent en porte-clefs. A peine a-t-il pris ce déguisement, que les gardes viennent ranger la salle et préparer tout ce qu'il faut pour la séance du tribunal.

Lisiard paraît, il fait sortir tout le monde, et ordonne qu'Euriant soit amenée devant lui. Etonné de cet ordre, Gérard se cache, tous les autres sortent.

Euriant paraît : quel est son étonnement, en voyant son persécuteur ! Elle veut sortir, il l'arrête, et lui déclare que, malgré elle, il faut qu'elle l'écoute.

Gérard caché, se pose de manière à entendre cette conversation.

Le lâche Lisiard déclare à l'orpheline qu'il peut la perdre ou la sauver ; mais qu'il ne l'arrachera au sort affreux qui la menace, que lorsqu'elle aura consenti à être à lui.

Euriant rejette ses offres avec indignation ; elle préfère la mort, le déshonneur même, à l'horreur d'unir sa main à celle d'un scélérat.

Gérard, certain par cette déclaration, que sa maîtresse ne l'a point trompé, qu'elle est victime d'un complot infernal, a peine à ne point éclater, il prend la résolution de se contenir pour se montrer quand il en sera temps, et démasquer plus sûrement la perfidie.

Lisiard s'emporte, menace ; il fait entrer les chevaliers nommés juges par une commission royale ; ils prennent séance.

Lisiard se porte accusateur ; Gérard, témoin sous son déguisement, de tout ce qui se passe, écoute, observe et se tait.

Interrogatoire d'Euriant.

Elle atteste le ciel de son innocence, mais toutes les évidences sont contre elle ; elle est condamnée à mort, elle sera brûlée vive, à moins qu'un chevalier ne se présente pour la défendre en combattant contre Lisiard, son accusateur.

On jette un voile noir sur la tête d'Euriant ; elle sort au milieu des gardes ; tous les chevaliers la suivent.

Gérard resté seul avec le geolier, est bien convaincu de l'innocence de son amie, et de l'odieuse perfidie du comte de Foretz. Il veut rester inconnu, la défendre, la sauver ou mourir. Il reprend ses armes et son casque, baisse sa visiere, saisit l'inscription de mort tracée par le tribunal, et sort vivement, après avoir ramassé le gant laissé par Lisiard.

Le théâtre change, représente une place publique. A droite, un bûcher très-élevé ; à gauche, un trône porté sur plusieurs marches.

Entrée des guerriers, des chevaliers, des juges du camp, qui prennent leurs places respectives.

Entrée du roi et de la reine, qui se placent sur le trône.

Entrée du duc de Metz avec sa suite : il se jette aux pieds du roi pour demander justice. Le roi lui promet que justice sera faite. Le duc se place sur les marches du trône.

Entrée d'Euriant au milieu d'un cortége lugubre, elle est conduite au pied du bûcher.

Enfin paraît le fier Lisiard, armé de pied en cap, suivi de son écuyer Felonois.

Lisiard fait un appel pour défier les chevaliers de se présenter en faveur d'Euriant. L'Ecuyer déploie sa bannière, sur laquelle on lit :

« J'accuse Euriant d'assassinat. Quel chevalier est assez hardi pour la défendre ? »

Félonois présente cette bannière aux quatre coins de la lice, au son des tambours et des trompettes.

Le plus morne silence règne dans l'assemblée. Déjà Lisiard triomphe.

Un chevalier inconnu s'élance dans l'arène. C'est moi, dit-il, qui la défendrai.

Il se présente à Euriant, qui l'accepte pour son champion et lui donne un gage.

Lisiard cherche à reconnaître son adversaire, et paraît très-agité. Défi, menaces.

Les adversaires prennent leurs armes avec les cérémonies d'usage.

Le roi accorde le champ clos, et ordonne de laisser aller les chevaliers.

Le juge du camp laisse tomber la baguette blanche, signal de l'attaque.

Euriant, à genoux, adresse au ciel une fervente prière pour son défenseur inconnu.

Combat à outrance, au son de la cloche et des tambours voilés.

Lisiard est blessé et abattu.

Dans ce moment, la suivante Gondrée vient se jeter aux pieds du roi, et lui déclare qu'elle est coupable et complice de Lisiard.

Le comte de Foretz se soulève avec peine, et sentant la mort approcher, pressé par sa conscience, il avoue son crime par un écrit authentique.

La belle Euriant est débarrassée de ses chaînes ;

elle reconnaît Gérard dans son libérateur , elle n'ose l'approcher ; il lui tend les bras , en lui déclarant que c'est lui seul qui a besoin de pardon , puisqu'il a cru trop légèrement qu'elle était coupable , et que , par là , il a été la cause de tous ses malheurs.

Les deux généreux amans se jettent au pied du trône , et demandent la grace de Lisiard.

Le roi est inexorable : de tels forfaits ne peuvent rester impunis.

Le coupable comte de Foretz est attaché au bûcher , la flamme s'élève ; tandis que de l'autre côté , Euriant recevant enfin le prix de sa vertu , est couverte du manteau de comtesse , et conduite vers le trône par le duc de Metz et le noble Gérard.

Double groupe. D'un côté , le crime et sa punition , de l'autre la vertu et sa récompense.

F I N.